트리즈로 키워가는 생각코딩과 창의사고 알고리즘

JN435969

Thinking Factory
씽킹팩토리

안세훈 이정희 배은선 김현숙 안형근

학생용

JINSAEM 진샘미디어

목 차

씽킹팩토리 초등 1단계 교육프로그램

4. 냄새 맡은 값 • 61

5. 요술맷돌 • 79

토끼와 거북이

- 토끼 발과 거북이 발은 달라요 -

책상은 무엇으로 이루어져 있을까요? 책상은 4개의 다리, 넓은 책상판, 서랍들로 이루어져 있습니다. 우리 주변의 사물과 사람, 동물도 마찬가지로 여러 작은 부분으로 이루어져 있습니다. 머리, 다리, 가슴, 배, 팔 등…

이렇게 어떤 사물을 이루고 있는 작은 부분들을 살펴보고 다양한 활동을 해 보아요.

읽기자료

토끼와 거북이 이야기

■ 토끼와 거북이

어느날, 거북이 엉금엉금 기어가고 있었습니다. 토끼가 깡충깡충 뛰어가다가 거북을 보고 말했습니다. "거북아, 너는 정말이지 걸음이 느리구나." 토끼는 거북을 놀렸습니다. 거북은 화가 나서 말하였습니다.

"바보 같은 소리 마." "그럼 누가 빠른지 경주해 볼까?"

"그래 좋아 ! 그럼, 저기 산꼭대기에 있는 나무까지 누가 먼저 가나 내기하자"

"좋아, 그렇게 하자" 토끼와 거북은 출발하였습니다.

토끼는 깡충깡충 잘도 뛰어갑니다. 그러나 거북이는 걷는 건지 뛰는 건지 알 수가 없었습니다. "하하하, 재미있다. 거북아 빨리 와" 토끼는 거북을 놀리면서 신나게 뛰어갔습니다.

둘 사이는 점점 거리가 벌어졌습니다. 토끼는 벌써 산 중턱까지 올라갔습니다.

"거북은 어디쯤 오고 있을까?" 토끼는 돌아보았습니다.

거북은 그때까지도 산 아래서 쉬지 않고 기어오고 있었습니다.

"하하하, 내 그럴 줄 알았다니까. 어쩌면 저렇게도 느릴까?"

"이대로 가면 너무 빨리 도착 하겠는걸 , 여기서 낮잠이나 한숨 자야겠다."

거북은 있는 힘을 다해 산을 오르고 있었습니다. 위를 쳐다보니, 소나무까지는 아직도 멀었습니다. 거북은 토끼가 자고 있는 곳을 지나갔습니다. 토끼는 그것도 모르고 쌕쌕 잠만 잡니다. 거북은 땀을 뻘뻘 흘렸습니다. 쉬고 싶었지만 거북은 느린걸 알기 때문에 쉴 수가 없었습니다. 거북은 한눈팔지 않고 부지런히 걸었습니다.

그때 토끼가 잠에서 깨었습니다. "어 거북이 어디 갔지?" 토끼는 산꼭대기를 쳐다봤습니다.

"쳇. 내가 너무 마음을 놓았군."

벌써 거북은 산꼭대기에 도착하여 만세를 부르고 있었습니다.

동화 활동지

토끼와 거북이에게 해주고 싶은 말

■ 토끼와 거북이에게 해 주고 싶은 이야기나 하고 싶은 이야기를 생각해 보고 편지형식이나 충고형식으로 적어 보세요.

토끼에게

거북이에게

동화 활동지

토끼와 거북이의 공통점과 차이점

■ 토끼와 거북이의 공통점과 차이점을 동그라미 안에 글이나 그림으로 표현해 보세요.

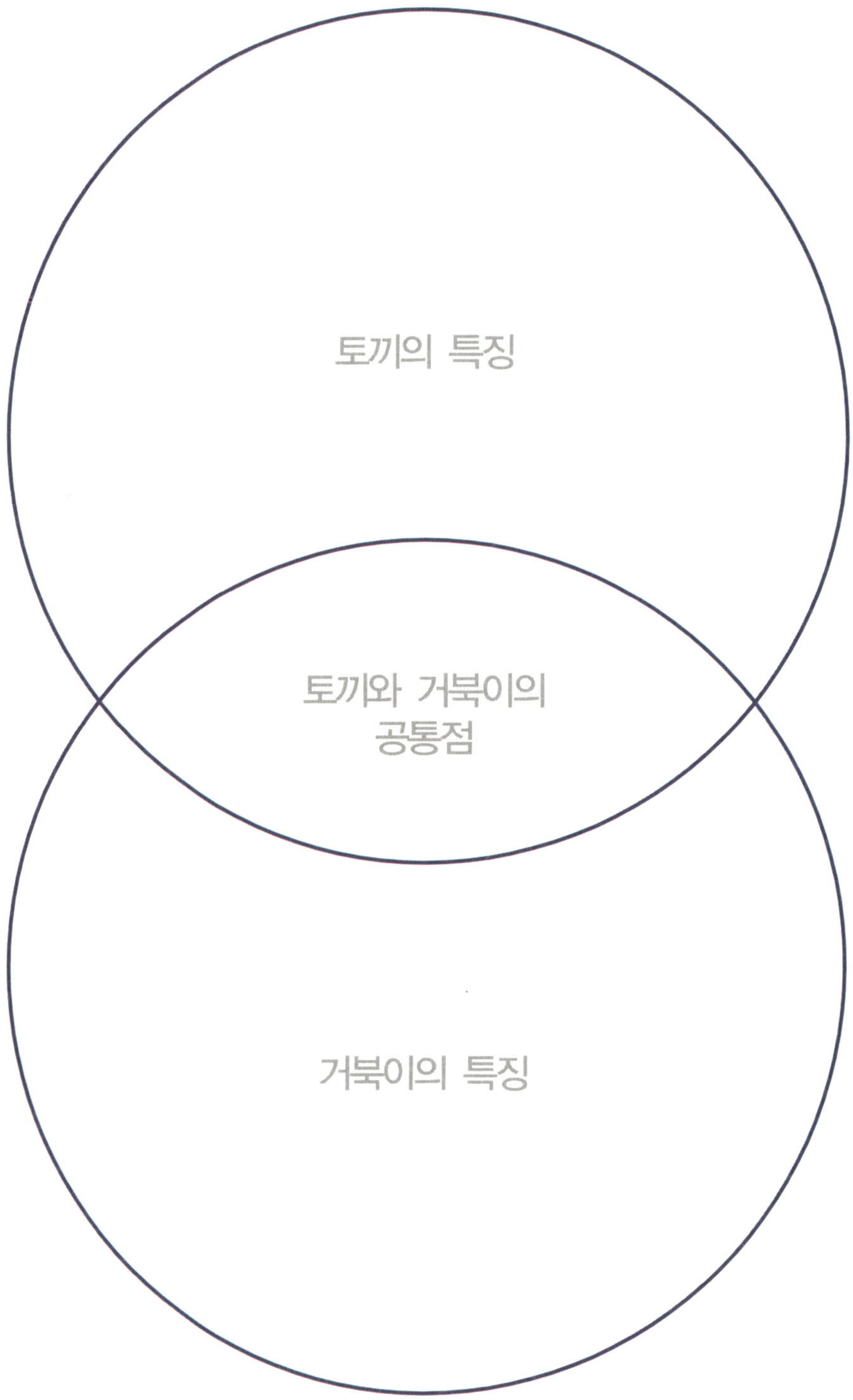

활동지 1-1 거북이의 구성기관과 기능

■ 거북이의 구성기관과 하는 일을 적어 보세요.

구성기관	하는 일

활동지 1-2

토끼의 구성기관과 기능

■ 토끼의 구성기관과 하는 일을 적어 보세요.

구성기관	하는 일

활동지 1-3

사람의 구성기관과 기능

■ 사람의 구성기관과 하는 일을 적어 보세요.
(자신이나 가족의 사진을 붙이거나 또는 그림으로 그려서 활동해 보세요)

구성기관	하는 일

활동지 1-4

동물과 사람을 비교해 봅시다

■ 사람의 몸과 동물의 몸을 비교하여 비슷한 일을 하는 구성기관들을 생각해 보고, 비슷한 일을 하는 것끼리 짝지어 봅시다.

사람	하는 일	토끼	거북이
다리	물건을 잡는다	귀	앞다리
손	앞을 본다	앞다리	뒷다리
귀	소리를 듣는다	뒷다리	등딱지
눈	앞으로 간다	꼬리	입
입	먹는다	입	귀

Tip

사람의 몸과 동물의 몸은 다르게 생겼어요.
사람에게는 팔과 다리가 있어요. 하지만 동물들에게는 팔이라 하지 않고 다리라고 합니다.
그리고 사람에게는 손이 있지만, 동물에게는 손이 없어요. 거북이와 토끼에게도 손이 없답니다.
그렇다면, 토끼와 거북이에게 손의 역할을 하는 신체기관은 무엇일까요?
반대로, 동물에게는 있지만 사람에게는 없는 것도 있어요.
토끼나 거북이에게는 꼬리가 있지만 사람에게는 꼬리가 없습니다.
동물들에게 있어 꼬리는 균형을 잡는 역할과 의사전달을 할 때 사용된답니다.
또 새들에게는 날개가 있지만 사람에게는 날개가 없답니다.
토끼와 거북이에게는 신체를 보호하기 위한 털이나 딱딱한 등딱지가 있는데 사람에게는 없습니다.
사람은 이런 기능을 어떻게 수행할까요?

활동지 2 달라요 달라~!!

■ 포유류와 파충류의 특징을 적어보고 동물들을 분류해 보세요.

	포유류	파충류
특 징		
종 류		

[출처] https://pixabay.com/

■ 포유류와 파충류를 같은 점과 다른 점을 생각해 보고 벤다이어그램을 완성해 보세요.

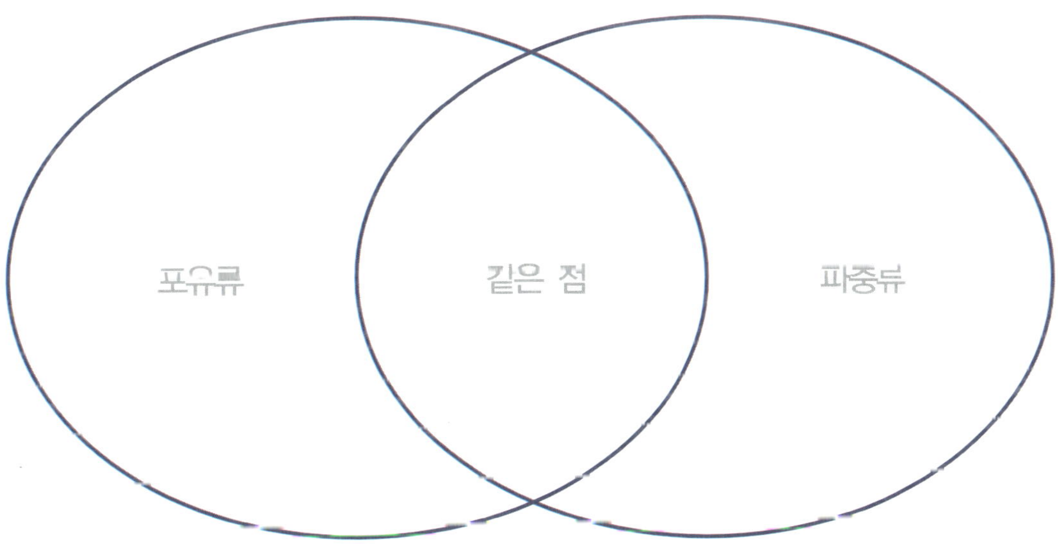

활동지 3-1

동물들의 다리 비교하기 Ⅰ

■ 여러 동물들의 다리를 알맞게 연결하여 동물을 완성해 보고, 왜 동물들은 다리가 다른지 서로 이야기 나누어 보세요.

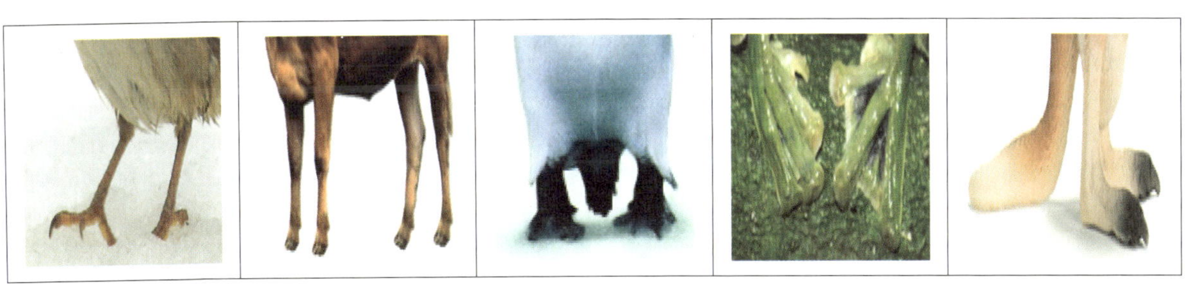

활동지 3-2

동물들의 다리 비교하기 Ⅱ

■ 만약 동물들의 다리가 바뀐다면 어떻게 될까요?
동물들의 다리를 바꾸어 보고 그 이유에 대해서도 이야기 나누어 보세요.

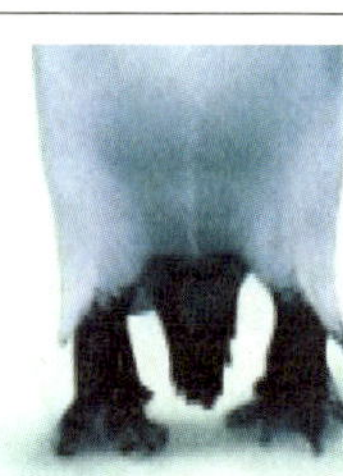

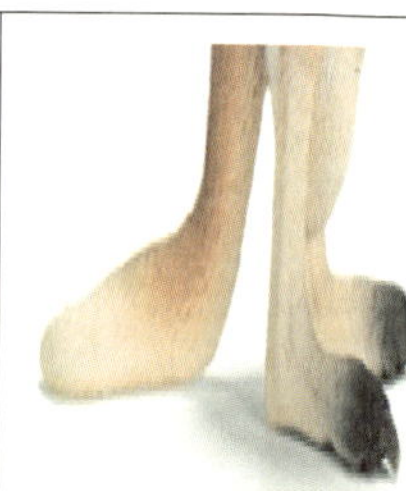

활동지 4-1

자동차는 무엇으로 이루어졌을까요?

■ 자동차의 부분을 나누어 보고 자동차를 이루고 있는 기관과 하는 역할을 마인드맵으로 표현해 보세요.

활동지 4-2

내가 만든 멋진 자동차

■ 미래 자동차의 모습을 상상해 보고, 내가 자동차를 만들어 탄다면 어떤 생김과 기능을 가진 자동차일지 생각해 보세요. 그리고 글 또는 그림으로 표현해 보고 발표해 보세요.

활동지 5 나만의 캐릭터 만들기

■ 토끼와 거북이를 이용해 나만의 캐릭터를 만들어 보고 캐릭터의 이름도 지어주세요.

활동지 6

특별한 나라의 특별한 동물원(꼴라쥬)

■ 여기는 특별한 나라의 특별한 동물원입니다. 여기 사는 모든 동물들은 특별한 능력과 모양을 가지고 있지요. 나만의 특별한 동물을 만들어 함께 해 보세요.

활동지 7

사물의 더하기와 빼기

■ 어떤 사물을 정하고 그 사물에서 더하고 싶은 부분과 빼고 싶은 부분을 생각해 보고 추가 또는 제거하여 새로운 사물을 만들어 보세요.

예시

[출처] 시사IN http://www.sisain.co.kr

<table>
<tr><td>평가자료 1</td><td colspan="3">자기 평가표</td><td colspan="2">이름 :</td></tr>
<tr><td>주제</td><td colspan="5">사물과 동물은 여러 가지 작은 부분들이 합쳐져 있는 통합체이다.</td></tr>
<tr><td colspan="3">평가항목</td><td colspan="3">평가점수</td></tr>
<tr><td>1</td><td colspan="2">사물과 동물의 생김을 관찰할 수 있다.</td><td>③</td><td>②</td><td>①</td></tr>
<tr><td>2</td><td colspan="2">사물과 동물의 부분이 어떤 역할을 하는지 알 수 있다.</td><td>③</td><td>②</td><td>①</td></tr>
<tr><td>3</td><td colspan="2">같은 역할을 하는 부분을 다른 사물이나 동물로 바꾸어 볼 수 있다.</td><td>③</td><td>②</td><td>①</td></tr>
<tr><td colspan="3">총 점</td><td colspan="3"></td></tr>
<tr><td colspan="6">활동 소감</td></tr>
<tr><td>과제를 수행하면서 어려웠던 점</td><td colspan="5"></td></tr>
<tr><td>과제를 수행하면서 좋았던 점</td><td colspan="5"></td></tr>
</table>

<table>
<tr><td colspan="2">평가자료 2</td><td colspan="2">동료 평가표</td><td>이름 :</td></tr>
<tr><td colspan="2">주제</td><td colspan="3">사물과 동물은 여러 가지 작은 부분들이 합쳐져 있는 통합체이다.</td></tr>
<tr><td rowspan="7">상호평가</td><td>칭찬해요
친구이름</td><td>창의적 아이디어를 칭찬해요</td><td>친구들을 존중하고 배려하는 모습을 칭찬해요</td><td>적극적으로 참여하고 책임감 있는 태도를 칭찬해요</td></tr>
<tr><td></td><td>③ ② ①</td><td>③ ② ①</td><td>③ ② ①</td></tr>
<tr><td></td><td>③ ② ①</td><td>③ ② ①</td><td>③ ② ①</td></tr>
<tr><td></td><td>③ ② ①</td><td>③ ② ①</td><td>③ ② ①</td></tr>
<tr><td></td><td>③ ② ①</td><td>③ ② ①</td><td>③ ② ①</td></tr>
<tr><td></td><td>③ ② ①</td><td>③ ② ①</td><td>③ ② ①</td></tr>
<tr><td></td><td>③ ② ①</td><td>③ ② ①</td><td>③ ② ①</td></tr>
<tr><td colspan="2">가장 칭찬해주고 싶은 친구와 이유를 적어 보세요.</td><td colspan="3">친구 이름(   )
칭찬하는 이유(   )</td></tr>
<tr><td colspan="2">오늘 수업을 한마디로 표현하면~~</td><td colspan="3">오늘 수업활동은 (   )이다.</td></tr>
<tr><td colspan="5">친구들의 칭찬점수를 작성할 때 유의해 주세요.</td></tr>
<tr><td colspan="5">1. 평가 기준에 따라 잘하면 칭찬점수를 3점부터 1점까지 줄 수 있어요.
2. 다음 수업에 더 좋은 활동을 할 수 있는 격려의 차원에서 점수를 주어요.</td></tr>
</table>

꿈속으로 찾아가는 이상한 나라

- 내가 살아가기 위해 꼭 필요한 건 무엇일까? -

북극에 가 본적이 있나요? 북극에 사는 에스키모는 두꺼운 점퍼를 입고 있어요. 반면 아프리카에 사는 원주민들은 옷을 거의 입지 않고 있답니다. 에스키모와 아프리카 원주민의 옷차림은 왜 다를까요? 어느 날 갑자기 지구가 물 속에 잠긴다면 우리는 어떻게 살아가야 할까요? 또 사람들이 만약 돌을 먹고 산다면 사람들의 얼굴은 어떻게 달라질까요? 다 같이 생각해 보아요.

읽기자료

꿈속으로 여행 이야기

■ 꿈속으로 여행

화창한 여름날 푸름이네 가족이 나들이를 나왔어요.

푸름이 : 어 저게 뭐지? 사과모양의 토끼잖아 사과 토끼야! 어디 가니?

푸름이는 사과 토끼를 따라 갔어요. 푸름이는 사과토끼를 잡아서 엄마 아빠에게 자랑을 하려고 하다가 놓쳐버렸어요

푸름이 : 어떻게 된거예요?

엄마의 머리가 동글 동글 포도송이로 아빠의 안경이 매실로 변했어요.

푸름이는 어리둥절해 주변을 두리번거렸어요.

푸름이 : 우와~! 바다색이 분홍색이야 ~!!

뒤뚱 뒤뚱 옆으로 걷는 게는 자두로 되어 있네... 이게 어떻게 된 거지?

사과 토끼 : 많이 놀랬구나? 여긴 과일 나라야?

푸름이 : 과일나라 ?

사과 토끼 : 응 나와 함께 바다 속에도 가보겠니? 나 지금 엄청난 것을 보러 가려든 참이거든

푸름이 : 응 같이 가자!

푸름이는 파인애플 물안경을 쓰고, 바나나 오리발을 끼고, 바닷 속으로 들어갔어요.

바다 속은 더 신기한 것들로 가득했어요.

푸름이 : 우와 정말 예쁘다. 저기 수박 등껍질을 한 거북이가 있어~

토마토를 맨 소라도 있고 바나나 몸을 한 물고기도 보여~

사과 토끼 : 어때? 대단하지 우리 과일나라엔 신기한 것들이 가득 하다구~

푸름이 : 사과 토끼야 아까 내가 귀를 꽉 잡아서 미안해 ~

사과 토끼 : 그래 그럼 푸름아 이번엔 어디로 가볼까?

푸름이 : 또 가볼 때가 있는 거야 신난다~!! 나는 하늘위도 가보고 싶어~!!

누나 : 푸름아 푸름아 ~!! 누나~!! 그만 일어나 밥 먹으로 가자 어서가자

푸름이 : 어~ 꿈이었나~ 누나 같이가!

푸름이가 꿈속에서 과일로 이루어진 나라를 여행해 보았네요. 또 어떤 나라가 있을까요? 그곳은 어떤 나라일지 상상해 보아요.

동화 활동지

나들이를 떠나요

■ 나들이를 떠나려고 합니다. 어떤 계절에 어떤 물건을 가지고 나들이를 갈까요? 자유롭게 생각해 보고 글이나 그림으로 표현해 보세요.

나들이를 떠나고 싶은 계절

무엇이 필요할까요?

활동지 1 계절을 표현해 보아요

■ 그림을 보고 어떤 계절인지 생각해 이야기 해보고 계절의 특징을 생각해 적어 보세요.

[출처] 구글 PIXA BAY

활동지 1-1 날씨의 변화와 나

■ 봄, 여름, 가을, 겨울 날씨가 변하면 나는 무엇을 준비해야 할까요?
(계절이름을 봄, 여름, 가을, 겨울이 아닌 새로운 계절이름을 지어 주도록 합니다)

내가 이름 붙인 계절	계절의 날씨와 그 날씨에 따른 나의 변화와 주변의 달라지는 것을 자유롭게 적어 봅시다.

활동지 1-2

계절별 식물과 과일을 알아봅시다

■ 봄, 여름, 가을, 겨울의 식물과 과일을 적어 보세요.

봄

여름

가을

겨울

■ 내가 좋아하는 과일은 어느 계절의 과일일까요? 어떤 특징을 가지고 있나요?

활동지 1-3 계절별 동물과 곤충의 변화

■ 봄, 여름, 가을, 겨울의 동물과 곤충을 알아보아요.

봄

여름

가을

겨울

■ 나를 닮은 곤충이나 동물을 찾아 그 동물이 가진 특징과 계절을 마인드맵으로 정리해 보세요.

활동지 2 내가 만든 세상

■ 만약 자동차, 마트, 학교, 집, 아파트 등 우리 주변에서 우리가 흔히 사용하는 어떤 물건이나 건물들이 없어진다면 어떻게 될까요? 생각해 보고 그림 또는 글로 표현해 보세요.

■ 내가 우리나라 대통령이라면 어떤 나라를 만들고 싶을까요?

활동지 2-1

나의 꿈은 이루어진다

■ 내가 커서 되고 싶은 사람은 또는 내가 존경하는 사람은 누구인가요?

■ 내가 커서 되고 싶은 사람이 된다면 또는 내가 존경하는 사람이 된다면 내가 하고 싶은 일은 무엇인가요?

활동지 3 여행을 떠나요~!!

■ 동화 속 나라에 초대 받았어요. 동화 속으로 여행을 떠나려고 해요. 이곳에는 누가 살고 있을까요? 이곳으로 여행가기 위해 준비해야 할 것들을 생각하고 글이나 그림으로 표현해 보세요.

[출처] https://search4.kakaocdn.net/argon/0x200_85_hr/9OwmH28my07

■ 누가 살고 있을까요?

■ 어떤 날씨일까요?

■ 여행 가방에 무엇을 넣어 갈까요?

활동지 3
[보조자료]

여행 가방 도안

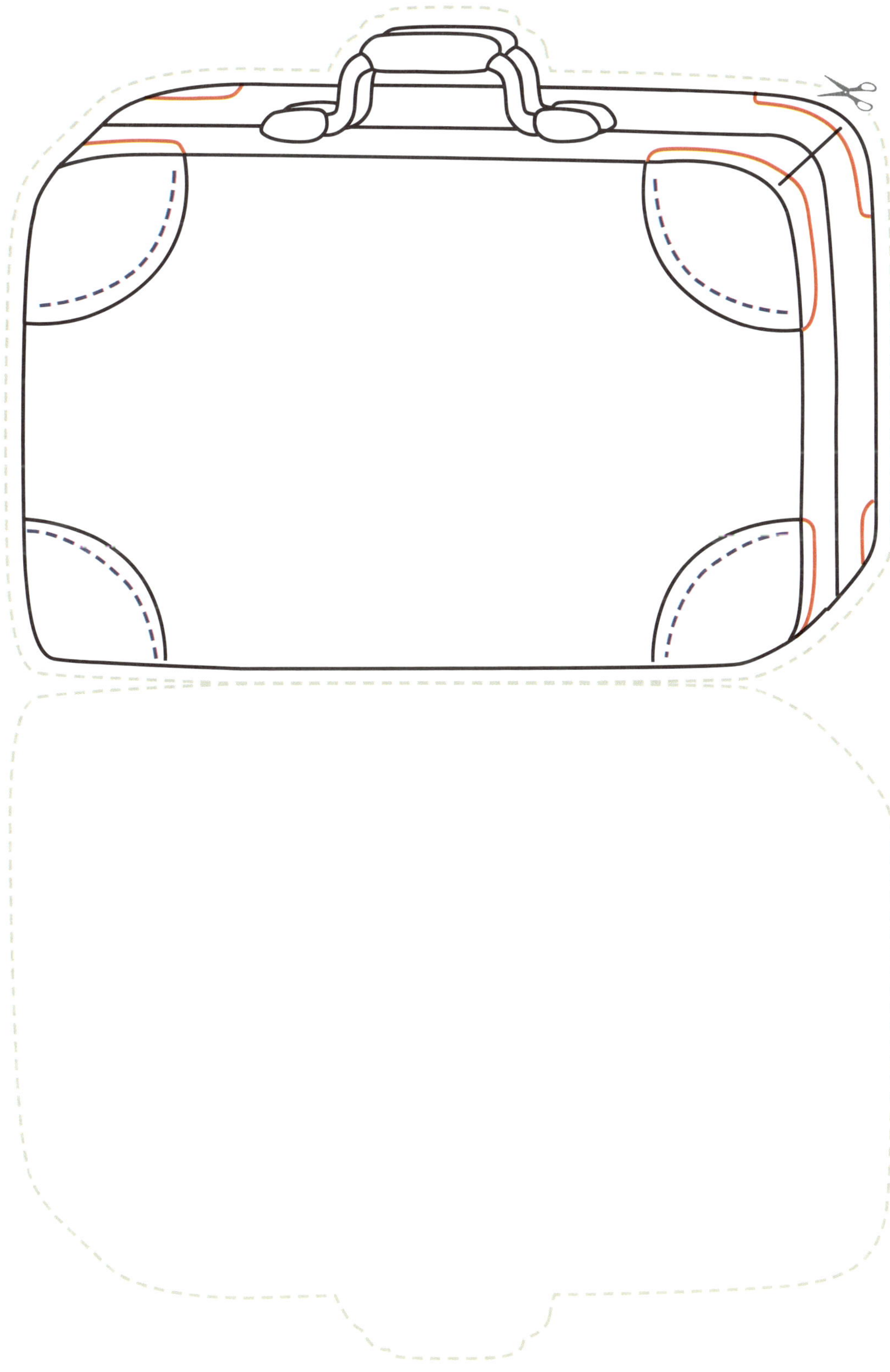

활동지 4

우린 서로 짝지랍니다

■ 관련있는 것끼리 연결하고 이야기를 만들어 보세요.

예 나비는 꽃이 있어야 하고, 꽃을 심기 위해서는 흙이 필요합니다.

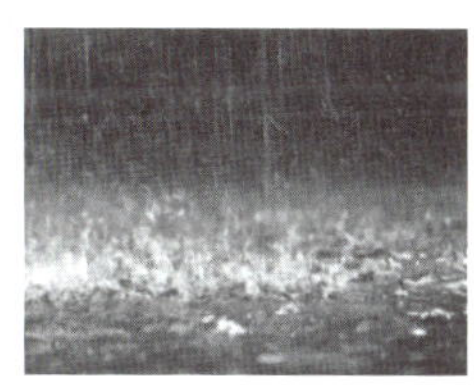

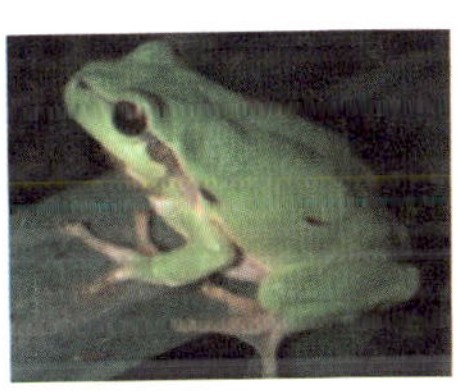

활동지 5

내가 좋아하는 과자집

■ 아이들이 좋아하는 여러 가지 과자를 준비하고 어떤 집을 만들고 싶은지 이야기를 나누어 보고 스케치를 한 후 만들어 보세요(아이들이 만들고 싶어하는 과자 재료로 맛있는 과자집을 만들어 보세요).

■ 내가 만들 과자집을 상상하여 그림으로 그려 보세요.

활동지 5-1 여러 가지 형태의 도시

■ 동그라미 나라에는 어떤 친구들이 있을까요? 내가 생각하는 동그라미 나라에 대해 글과 그림으로 표현해 보세요.

■ 동그라미를 보면 어떤 느낌이 드나요?

■ 동그라미에게는 어떤 색이 어울릴까요?

■ 동그라미 속에는 어떤 친구들이 살고 있을까요?
동그라미 속에 사는 내 모습을 동그라미만 이용해서 그려 보세요.

여러 가지 형태의 도시

■ 세모 나라에는 어떤 친구들이 있을까요? 내가 생각하는 세모 나라에 대해 글과 그림으로 표현해 보세요.

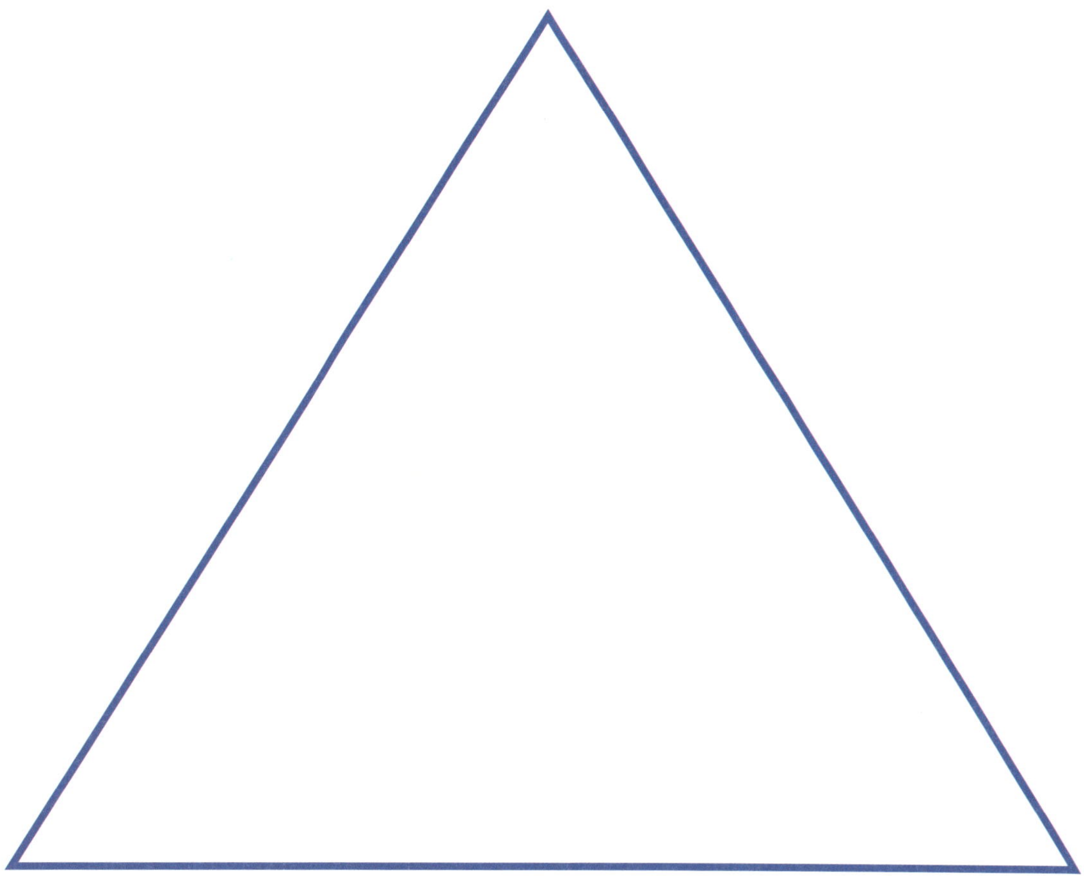

■ 세모를 보면 어떤 느낌이 드나요?

■ 세모에게는 어떤 색이 어울릴까요?

■ 세모 속에는 어떤 친구들이 살고 있을까요?
세모 속에 사는 내 모습을 세모만 이용해서 그려 보세요.

활동지 5-3

얼음나라!!

■ 얼음으로 가득한 얼음나라는 어떤 곳일까요? 얼음나라에 대해 상상해 보고 글이나 그림으로 표현해 보세요.

<table>
<tr><td>평가자료 1</td><td>자기 평가표</td><td colspan="3">이름 :</td></tr>
<tr><td>주제</td><td colspan="4">내가 살아가기 위해 꼭 필요한 건 무엇일까?</td></tr>
<tr><td colspan="2">평가항목</td><td colspan="3">평가점수</td></tr>
<tr><td>1</td><td>사계절의 변화에 대해 이해할 수 있다.</td><td>③</td><td>②</td><td>①</td></tr>
<tr><td>2</td><td>계절 변화에 따라 옷차림과 필요한 물건이 달라지는 것을 이해할 수 있다.</td><td>③</td><td>②</td><td>①</td></tr>
<tr><td>3</td><td>어떤 물건이나 동물이 존재하기 위해 필요한 조건이 있다는 것을 이해한다.</td><td>③</td><td>②</td><td>①</td></tr>
<tr><td colspan="2">총 점</td><td colspan="3"></td></tr>
<tr><td colspan="5">활동 소감</td></tr>
<tr><td>과제를 수행하면서 어려웠던 점</td><td colspan="4"></td></tr>
<tr><td>과제를 수행하면서 좋았던 점</td><td colspan="4"></td></tr>
</table>

<table>
<tr><td colspan="2">평가자료 2</td><td>동료 평가표</td><td colspan="2">이름 :</td></tr>
<tr><td colspan="2">주제</td><td colspan="3">내가 살아가기 위해 꼭 필요한 건 무엇일까?</td></tr>
<tr><td rowspan="7">상
호
평
가</td><td>칭찬해요
친구이름</td><td>창의적 아이디어를 칭찬해요</td><td>친구들을 존중하고 배려하는 모습을 칭찬해요</td><td>적극적으로 참여하고 책임감 있는 태도를 칭찬해요</td></tr>
<tr><td></td><td>③ ② ①</td><td>③ ② ①</td><td>③ ② ①</td></tr>
<tr><td></td><td>③ ② ①</td><td>③ ② ①</td><td>③ ② ①</td></tr>
<tr><td></td><td>③ ② ①</td><td>③ ② ①</td><td>③ ② ①</td></tr>
<tr><td></td><td>③ ② ①</td><td>③ ② ①</td><td>③ ② ①</td></tr>
<tr><td></td><td>③ ② ①</td><td>③ ② ①</td><td>③ ② ①</td></tr>
<tr><td></td><td>③ ② ①</td><td>③ ② ①</td><td>③ ② ①</td></tr>
<tr><td colspan="2">가징 칭찬해주고 싶은 친구와 이유를 적어 보세요</td><td colspan="3">친구 이름(　　　　　　)
칭찬하는 이유(　　　　　　　　　　　　　　　　　　　　)</td></tr>
<tr><td colspan="2">오늘 수업을 한마디로 표현하면~~</td><td colspan="3">오늘 수업활동은 (　　　　　　　　　　　　)이다.</td></tr>
<tr><td colspan="5">친구들의 칭찬점수를 작성할 때 유의해 주세요.</td></tr>
<tr><td colspan="5">1. 평가 기준에 따라 잘하면 칭찬점수를 3점부터 1점까지 줄 수 있어요.
2. 다음 수업에 더 좋은 활동을 할 수 있는 격려의 차원에서 점수를 주어요.</td></tr>
</table>

코끼리 코는 왜 길어졌을까?

- 나만이 가지고 있는 모습과 성격 -

동물원에 가본 경험이 있나요? 세상에는 다양한 모습을 가진 동물들이 있습니다. 그리고 동물마다 자기만이 가지고 있는 특징들이 있답니다. 동물만이 아닌 사물들도 다양한 특징을 가지고 있어요. 이번 차시에서는 동물과 사물, 여러 가지 도형을 이용하여 재미있고 신나는 활동들을 해보아요.

읽기자료

호기심 많은 아기코끼리 이야기

■ 호기심이 많은 아기코끼리

어느 숲 속에 호기심 많은 아기코끼리가 있었어요.

날마다 아침부터 밤늦게까지 엄마, 아빠, 할아버지, 할머니 코끼리를 졸졸 따라다니며 끊임없이 질문을 늘어놓았지요. "엄마, 별들은 왜 반짝반짝 빛을 내나요?"

"아빠, 꽃들도 똥을 싸나요?" "할아버지, 악어는 점심때 무얼 먹나요?"

"쉿, 조용히 해. 그런 말은 묻는 게 아냐." "왜요? 왜 물으면 안 돼요?"

아기코끼리가 꼬치꼬치 캐묻자, 엄마, 아빠코끼리도 슬그머니 다른 곳으로 가 버렸어요.

"흥, 좋아. 아무도 말해 주지 않으면 내가 직접 악어한테 물어 보지 뭐."

다음 날 아침, 아기코끼리는 악어를 만나러 길을 떠났습니다. 악어가 사는 늪은 꽤 먼 곳이었어요. 아기코끼리는 한참을 걸어서야 악어들이 살고 있는 늪에 도착할 수 있었답니다.

"아휴, 힘들어, 잠깐 쉬었다 가야지."

아기코끼리가 살짝 엉덩이를 걸치자, 갑자기 나무 토막이 꿈틀 움직이는 거예요.

그 바람에 아기코끼리는 "풍덩" 물에 빠지고 말았습니다. 그건 나무토막이 아니라 바로 무서운 악어였어요. 아기코끼리는 지금까지 한번도 악어를 본 적이 없었거든요.

그래서 울퉁불퉁한 악어 등을 나무 토막으로 안 거지요.

"누구야, 감히 내 등에 걸터앉은 놈이?" 악어가 화가 나 소리쳤어요.

"어푸, 미안해요. 난 그냥 나무 토막인 줄 알았어요." "어, 처음 보는 녀석인데, 넌 누구지?"

"전 저 건너 숲에 사는 아기코끼리인데요, 악어를 만나러 왔어요."

"악어는 왜?" "궁금한 게 있어서요. 저, 혹시 악어들은 점심에 무얼 먹는지 아세요?"

그러자 악어가 쩝쩝 입맛을 다시며 대답했습니다.

"호호호. 꼬마야. 잘 듣거라. 악어들은 점심에 너처럼 맛있게 생긴 아기코끼리들을 먹는 단다. 와앙." "아야야, 이거 놔요." 악어가 문 건 아기코끼리의 뭉툭한 코였어요.
아기코끼리는 코를 빼내려고 바둥바둥 발버둥을 쳤답니다. 악어도 놓칠세라 아기코끼리 코를 더욱 꽈악 물고, 있는 힘껏 끌어당겼지요. 그 바람에 아기코끼리 코는 늘어나고 늘어나 길게 길게 되었어요.
친구들이 아기코끼리의 기다란 코를 보고, "깔깔깔" 웃으며 놀려 댔습니다.
아기코끼리는 너무나 부끄러웠어요. 하지만 코가 기니까 좋은 점도 참 많았답니다. 높다란 가지에 매달린 열매도 딸 수 있고, 코를 높이 쳐들고 "뿌우우" 나팔 소리도 낼 수 있었거든요. 더울 때는 커다란 코에 잔뜩 물을 머금고, "쏴아아" 샤워기처럼 물을 뿜을 수도 있었고요. 이 모습을 본 코끼리들이 앞을 다투어 악어를 찾아갔어요.

동화 활동지

아기코끼리의 호기심 노트

■ 동화 속 아기코끼리는 어떤 점들을 궁금해 하였나요? 아기코끼리의 호기심들을 호기심노트에 적어보고 인상 깊었던 장면을 그림으로 그려보세요.

활동지 1 그래서 그랬대(만화 그리기)

■ 여러 동물들의 특징과 기능에 대해 알아보고, 동물들의 특징에 담긴 나만의 이야기를 만들어 보세요.

	그래서 그랬대 ?!	

보 기

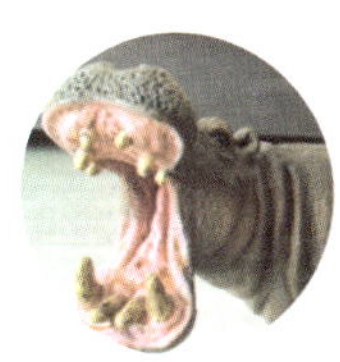

활동지 2 나만의 동물원 구성하기

■ 다양한 동물들의 특징을 바꿔 그림을 그려보고 나만의 동물원을 구성해 본다.

활동지 3

범인을 잡아라!!

■ 평화로운 동물농장에 도둑이 들었어요!! 닭장에 있는 달걀이 사라져 버렸답니다. 과연 달걀을 훔쳐간 동물은 누구일까요? 범인이 남긴 단서를 가지고 범인을 잡아보세요.

■ 제일 먼저 어떤 동물에게 물어보아야 할까요? 그 이유는 무엇인가요?

■ 달걀을 훔쳐간 동물은 달걀로 무엇을 하려 하였을까요?

■ 달걀을 먹을 수 있는 동물은 어떤 동물들이 있을까요?

■ 밤에 주로 활동하는 동물은 누구일까요?

농장에 함께 살고 있는 동물들

활동지 4 사물 스무고개 수수께끼 게임

■ 여러 가지 사물의 특징과 기능에 대해 알아보고 수수께끼를 내어 맞춰보세요.
(나만의 스무고개 수수께끼 카드를 만들어 퀴즈를 내어 보세요)

활동지 5

특징과 기능으로 물건을 찾아보세요

■ 지금 내가 가지고 있는 물건 중에서 다음의 특징이 있는 물건을 찾아보고 그림으로 표현해 보세요.

단단한 물건을 찾아보세요.	뾰족한 물건을 찾아보세요.	동그란 물건을 찾아보세요.
말랑말랑한 물건을 찾아보세요.	부드러운 물건을 찾아보세요.	뚜껑이 있는 물건을 찾아보세요.
깨지는 물건을 찾아보세요.	깨지지 않는 물건을 찾아보세요.	매끄러운 물건을 찾아보세요.
네모나고, 말랑하고, 깨지지 않는 물건을 찾아보세요.	단단하고, 뾰족하고, 기다란 물건을 찾아보세요.	동그랗고, 뚜껑이 있고, 기다란 물건을 찾아보세요.

활동지 6

내가 만드는 아이디어 상품

■ 주변에서 불편했었던 점들을 이야기 해보고 나만의 아이디어 상품을 만들어 보세요.

<table>
<tr><td>평가자료 1</td><td>자기 평가표</td><td colspan="2">이름 :</td></tr>
<tr><td>주제</td><td colspan="3">사물이 가지고 있는 특별한 성질을 이해한다.</td></tr>
</table>

<table>
<tr><td colspan="2">평가항목</td><td colspan="3">평가점수</td></tr>
<tr><td>1</td><td>특이한 동물의 모습을 보고 왜 그런지 설명할 수 있다.</td><td>③</td><td>②</td><td>①</td></tr>
<tr><td>2</td><td>동물의 모습을 특이하게 바꾸어 나만의 동물을 상상할 수 있다.</td><td>③</td><td>②</td><td>①</td></tr>
<tr><td>3</td><td>물건의 모습을 바꾸어 특별한 발명품을 생각할 수 있다.</td><td>③</td><td>②</td><td>①</td></tr>
<tr><td colspan="2">총 점</td><td colspan="3"></td></tr>
<tr><td colspan="5">활동 소감</td></tr>
<tr><td colspan="2">과제를 수행하면서 어려웠던 점</td><td colspan="3"></td></tr>
<tr><td colspan="2">과제를 수행하면서 좋았던 점</td><td colspan="3"></td></tr>
</table>

<table>
<tr><td colspan="2">평가자료 2</td><td>동료 평가표</td><td colspan="2">이름 :</td></tr>
<tr><td colspan="2">주제</td><td colspan="3">사물이 가지고 있는 특별한 성질을 이해한다.</td></tr>
<tr><td rowspan="7">상호평가</td><td>칭찬해요 / 친구이름</td><td>창의적 아이디어를 칭찬해요</td><td>친구들을 존중하고 배려하는 모습을 칭찬해요</td><td>적극적으로 참여하고 책임감 있는 태도를 칭찬해요</td></tr>
<tr><td></td><td>③ ② ①</td><td>③ ② ①</td><td>③ ② ①</td></tr>
<tr><td></td><td>③ ② ①</td><td>③ ② ①</td><td>③ ② ①</td></tr>
<tr><td></td><td>③ ② ①</td><td>③ ② ①</td><td>③ ② ①</td></tr>
<tr><td></td><td>③ ② ①</td><td>③ ② ①</td><td>③ ② ①</td></tr>
<tr><td></td><td>③ ② ①</td><td>③ ② ①</td><td>③ ② ①</td></tr>
<tr><td></td><td>③ ② ①</td><td>③ ② ①</td><td>③ ② ①</td></tr>
<tr><td colspan="2">가장 칭찬해주고 싶은 친구와 이유를 적어 보세요.</td><td colspan="3">친구 이름(　　　　　　)
칭찬하는 이유(　　　　　　　　　　　　　　　　　　)</td></tr>
<tr><td colspan="2">오늘 수업을 한마디로 표현하면~~</td><td colspan="3">오늘 수업활동은 (　　　　　　　　　　　　)이다.</td></tr>
<tr><td colspan="5">친구들의 칭찬점수를 작성할 때 유의해 주세요.</td></tr>
<tr><td colspan="5">1. 평가 기준에 따라 잘하면 칭찬점수를 3점부터 1점까지 줄 수 있어요.
2. 다음 수업에 더 좋은 활동을 할 수 있는 격려의 차원에서 점수를 주어요.</td></tr>
</table>

냄새 맡은 값

- 냄새 맡고, 만져보고, 소리 듣고 -

음식에는 소리도 있고, 냄새도 있어요. 방귀도 사람마다 방귀 소리와 방귀냄새는 다를 수 있습니다.사람들은 여러 가지 느낌을 느낄 수 있는데 어떤 느낌들이 있을까요? 우리 몸의 다양한 감각기관들은 어떤 것들이 있는지 알아보고 오감을 이용해 다양한 활동을 해 보아요.

읽기자료

냄새 맡은 값 동화 이야기

■ 냄새 맡은 값

옛날 옛날에 아주 심술궂은 김 부자가 살고 있었어요. 어느 날 착한 이서방이 길을 가는데 김 부자 집에서 고기 굽는 냄새가 솔솔 풍겨 나왔어요. "허허 그 냄새 한번 좋군, 배고픈데 여기서 냄새라도 실컷 맡고 가야지." 그때, 이를 보게된 김 부자가 얄밉게 말을 했어요.
"여보게, 남의 집 고기냄새를 공짜로 맡는 법이 어디 있나? 냄새 맡은 값을 내게."
"냄새를 맡는데도 돈을 내야 한단 말입니까요?"
'세상에 공짜가 어디 있나? 열냥 주고 산 고기이니 닷 냥을 내놓게.'
"네에? 지금은 돈이 없는뎁쇼."
"그럼 내일까지 닷냥을 가져 오게."
집에 돌아온 이 서방은 가족들을 모아놓고 못된 김부자 이야기를 했지요. 그때 막내아들이 말했어요. '아버지 걱정 마세요. 좋은 수가 있어요.'
다음날 아침 막내아들은 닷 냥을 가지고 김 부자 집으로 갔지요.
'여기 냄새맡은 값을 가져 왔습니다.'
큰 소리로 말하자 김 부자가 얼른 나와서 돈을 받으려 했지요. 그런데 막내아들은 돈을 주지는 않고 주머니만 살랑살랑 흔들었어요.
"돈 소리 잘 들으셨죠? 저는 이제 갑니다!"
"이놈 돈을 가지고 왔으면 내놓지 않고 그게 무슨 짓이냐?"
김 부자가 버럭 화를 내며 소리를 질렀어요.
'저희 아버지가 맛도 못보고 냄새만 맡은 값이니 그 냄새 값도 소리로만 드리는 겁니다.'
김 부자는 아무 말도 못하고 얼굴만 울그락 불그락 했답니다.

☞ **이야기에 대한 생각 나누기**

- 욕심 많은 영감은 어떻게 하였나요?
- 냄새를 맡지 못한다면 동화가 어떻게 바뀌었을까요?

☞ **호기심 딱지 - 콧구멍 용사들, 냄새를 부탁해!(QR코드 연결)**

https://youtu.be/1cDA-Lqvskk

활동지 1

어떤 느낌이 있을까?

■ 여러 가지 다양한 물건과 사물을 보고 어떤 느낌이 있는지 적어 보세요.

 나무	 빵	 소방차
 선인장	 해	 장난감
 빗방울	 레몬	 아이스크림

활동지 2-2

느낌으로 찾아라!!

■ 오감상자 안에는 다양한 물건들이 담겨져 있습니다. 오감상자 안에 있는 물건을 오감을 활용하여 찾아보고 나만의 오감빙고를 완성해 보세요.

B.I.N.G.O

활동지 2-1

나만의 오감상자 만들기

■ 전개도를 이용하여 나만의 오감상자를 만들어 본다.

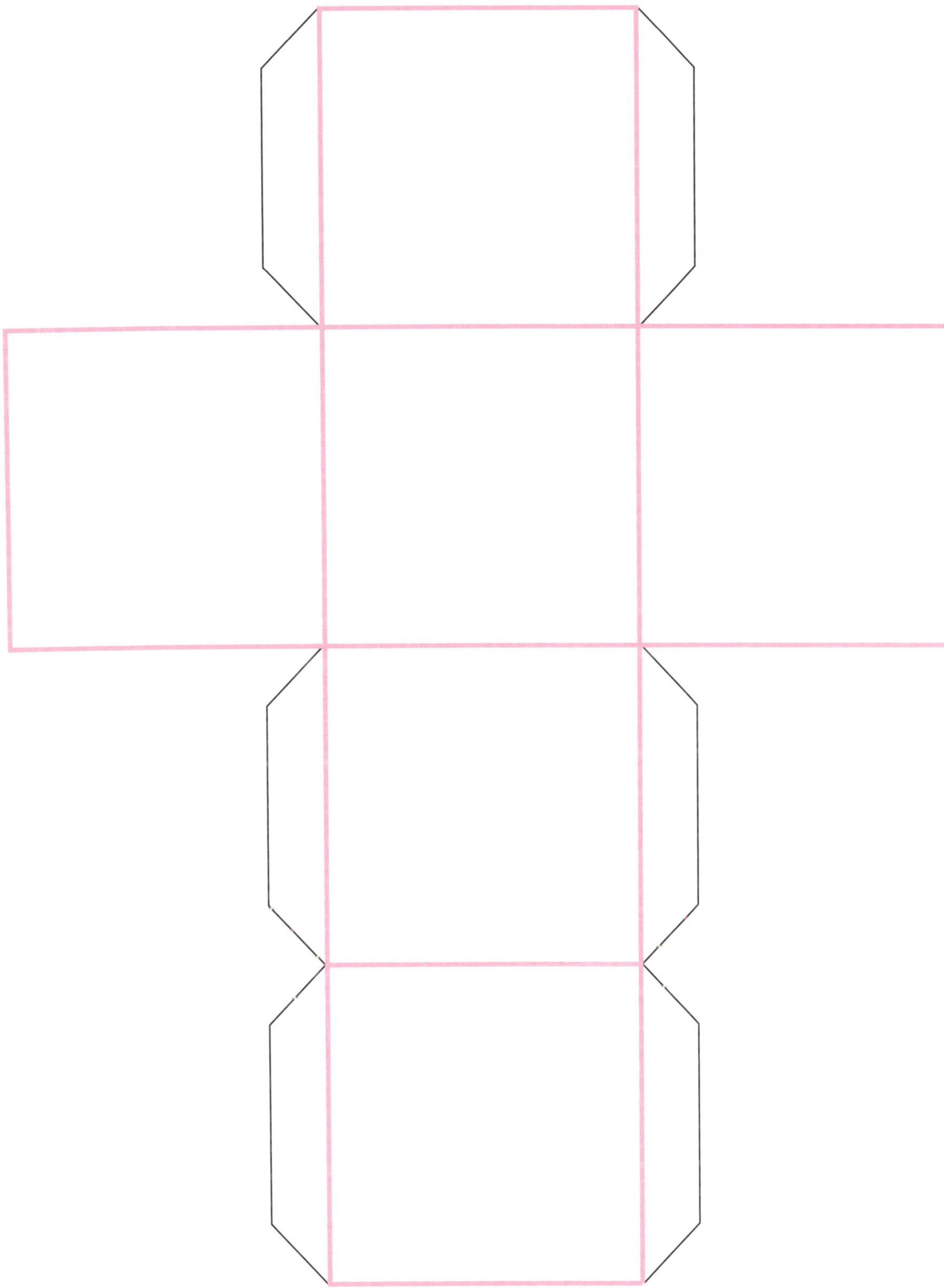

활동지 3

내 얼굴 내 가면 만들기

■ 나의 감각을 이용해 얼굴을 그리고 나만의 가면을 완성해 보세요.

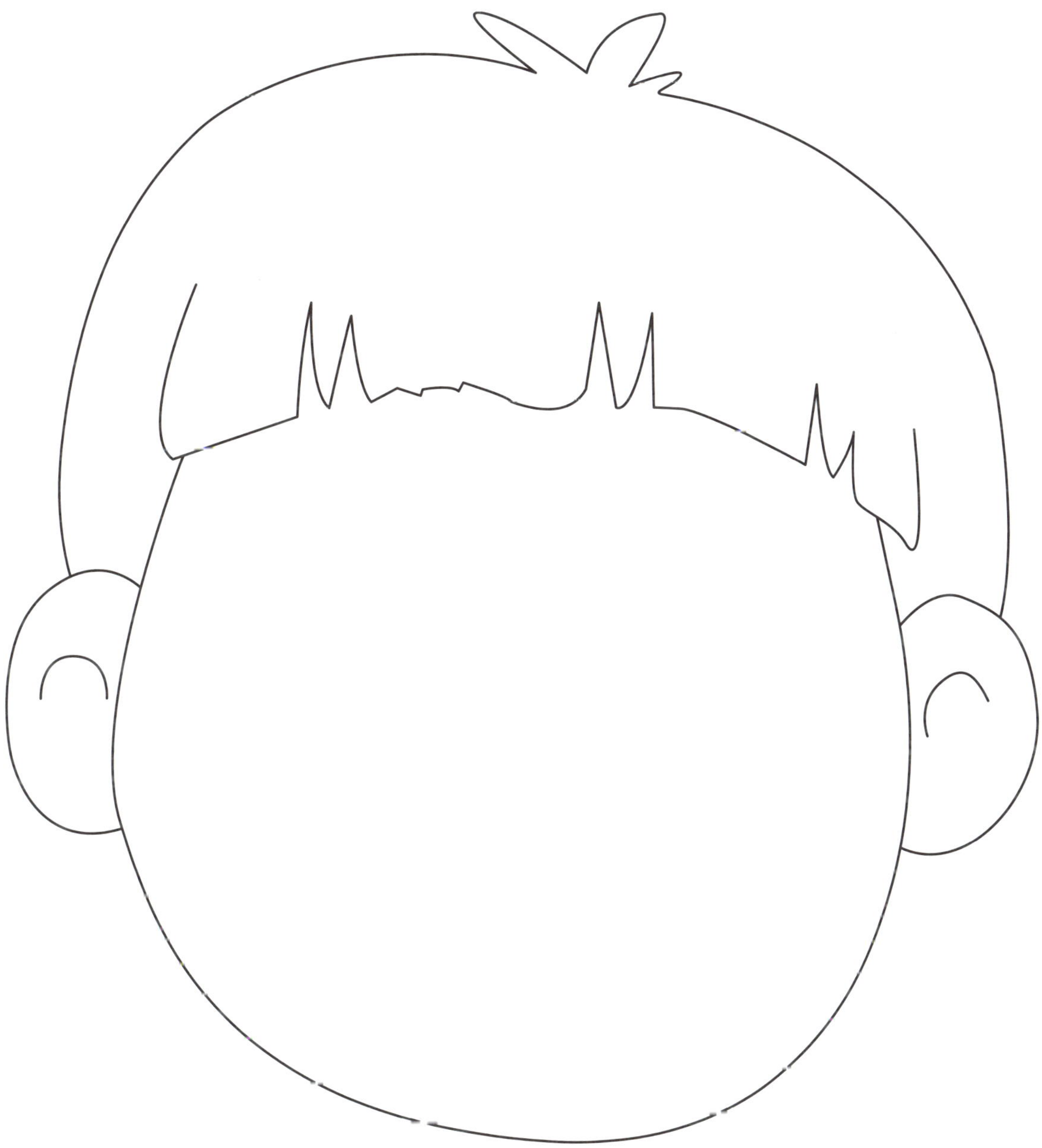

활동지 4-1 소리 그림 그리기

■ 들려주는 소리를 듣고 소리의 느낌을 선으로 표현해 보세요.

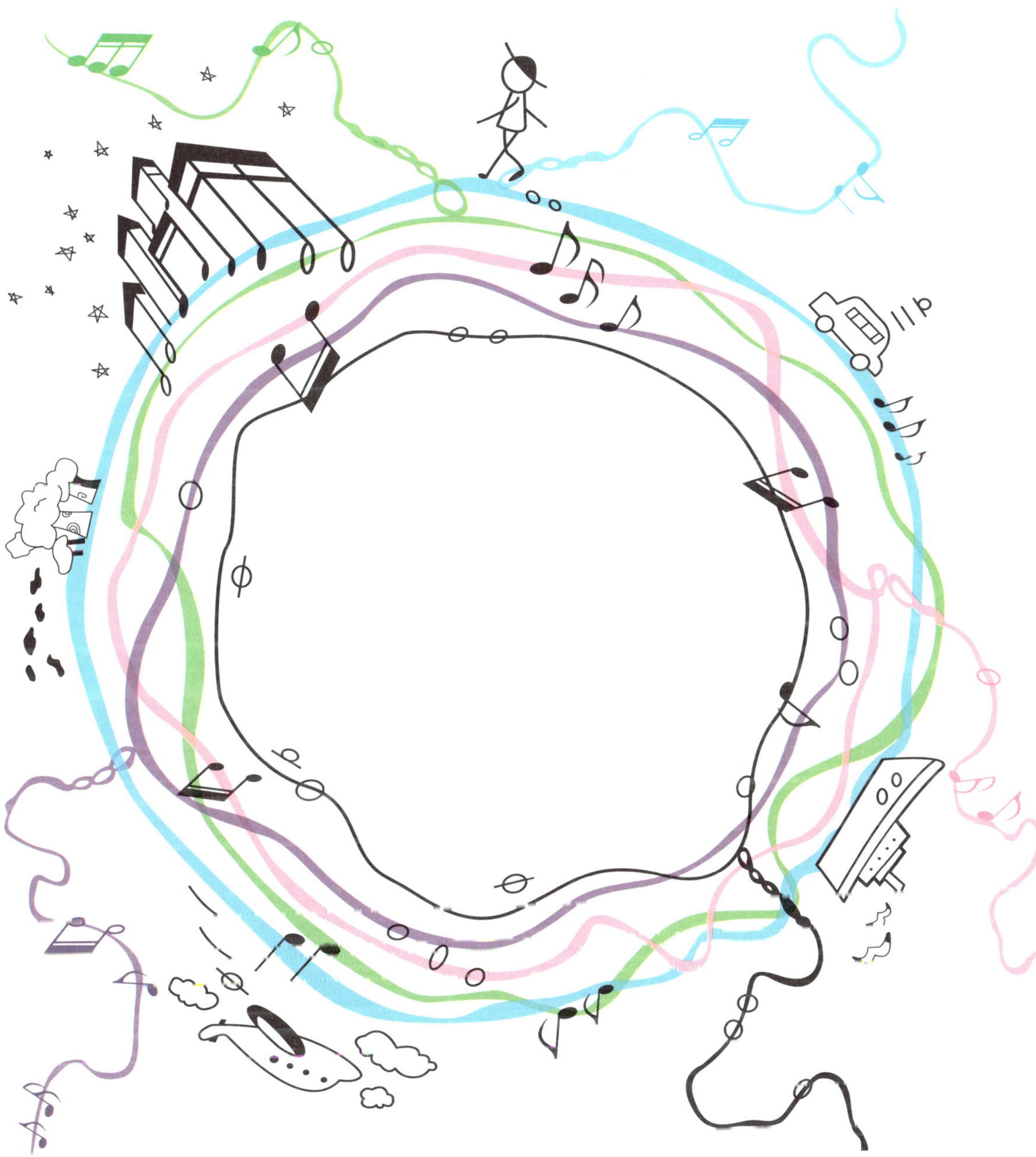

활동지 4-2 음악 그림 그리기

■ 들려주는 음악을 듣고 음악의 느낌이나 상상되어지는 것을 그림으로 표현해 보세요.

활동지 5 오감 MAP 그리기

■ 여러 가지 재료를 탐색해 보고 감각을 이용한 오감 마인드맵을 완성해 보세요.

활동지 6-1 냄새, 맛 상상하기(사물)

■ 여러 가지 다양한 사물의 사진을 보고 어떤 맛일지, 어떤 냄새일지 상상해 보고 글로 적어 보세요.

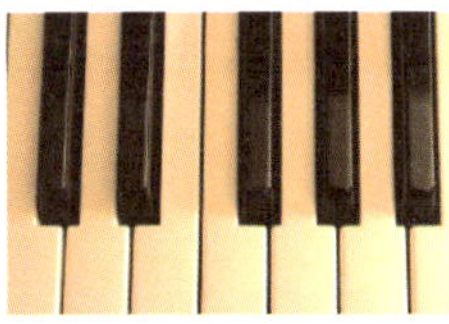

활동지 6-2

냄새, 맛 상상하기(희귀음식)

■ 세계 다양한 희귀음식들의 사진을 보고 어떤 맛일지, 어떤 냄새일지 상상해 보고 글로 적어 보세요.

돼지비계

말린 도마뱀

거미 구이

참치 눈알

부화 직전 오리 알

곤충 초밥

개미 알

불가사리 튀김

활동지 7

장애우들을 도울 수 있는 방법

■ 몸이 불편하거나 신체기능을 할 수 없는 친구들을 위해 우리가 할 수 있는 일은 어떤 일이 있을까요? 불편한 친구들을 위한 물건을 만든다면 어떤 물건을 만들어 주고 싶은지 글이나 그림으로 표현해 보세요.

활동지 8 내가 만드는 오감 동물

■ 우리가 느낄 수 있는 여러 가지 감각들을 생각해 보고 나만의 오감 동물을 상상하여 그림으로 표현해 보세요.

평가자료 1	자기 평가표			이름 :
주제	사람의 감각을 통해 사물을 인식한다.			

평가항목		평가점수		
1	눈으로 보지 않고서도 물건을 구분할 수 있다.	③	②	①
2	소리나 맛에 대한 나만의 느낌을 그리거나 설명할 수 있다.	③	②	①
3	여러 가지 재료 섞은 음식의 맛을 상상할 수 있다.	③	②	①
총 점				

활동 소감	
과제를 수행하면서 어려웠던 점	
과제를 수행하면서 좋았던 점	

평가자료 2		동료 평가표		이름 :
주제		사람의 감각을 통해 사물을 인식한다.		
상호평가	칭찬해요 / 친구이름	창의적 아이디어를 칭찬해요	친구들을 존중하고 배려하는 모습을 칭찬해요	적극적으로 참여하고 책임감 있는 태도를 칭찬해요
		③ ② ①	③ ② ①	③ ② ①
		③ ② ①	③ ② ①	③ ② ①
		③ ② ①	③ ② ①	③ ② ①
		③ ② ①	③ ② ①	③ ② ①
		③ ② ①	③ ② ①	③ ② ①
		③ ② ①	③ ② ①	③ ② ①
가장 칭찬해주고 싶은 친구와 이유를 적어 보세요.		친구 이름( ) 칭찬하는 이유( )		
오늘 수업을 한마디로 표현하면~~		오늘 수업활동은 ( )이다.		

친구들의 칭찬점수를 작성할 때 유의해 주세요.

1. 평가 기준에 따라 잘하면 칭찬점수를 3점부터 1점까지 줄 수 있어요.
2. 다음 수업에 더 좋은 활동을 할 수 있는 격려의 차원에서 점수를 주어요.

요술맷돌

- 사물이 가진 기능 -

맷돌을 본적이 있나요? 맷돌은 어떻게 생겼나요?
맷돌도 할 수 있는 것은 무엇일까요? 무엇을 하는 도구일까요?
사물들이 하는 일을 통해 우리는 사물의 기능을 알아차릴 수 있어요.
우리 주변에 있는 사물들의 기능을 살펴보아요.

읽기자료

요술맷돌 이야기

■ 요술맷돌

옛날 어느 마을에 가난 하지만 마음씨 착한 농부와 욕심쟁이 부자 할아버지가 살았어요. 어느날, 한 할아버지가 부자영감 할아버지 집으로 밥을 얻어 먹으러 왔어요.
“흥! 영감한테 줄 밥이 어디있어! 딴대가서 알아보시오” 겨난 할아버지는 착한 농부 할아버 집 근처에서 그만 쓰러지고 말았어요. 그때 착한 농부가 “할아버지 할아버지 정신차리세요~!!” 착한 농부는 할아버지를 들쳐 업고 집으로 달려왔어요. 착한 농부는 없는 곡식을 모두 털어 죽을 만들어 먹이고는 밤새 잠도 안자고 정성껏 돌봐 주었어요.
“정말 고맙소. 가진 거라고는 이 맷돌밖에 없으니 이거라도 받으시오”
할아버지는 맷돌을 주고는 바람같이 사라져 버렸어요. 착한 농부는 빈 맷돌을 슬슬 돌리면서 혼잣말을 했지요. “맷돌에서 쌀이나 술술 나오면 얼마나 좋을까....” 그러자 맷돌에서 정말로 쌀이 술술 쏟아져 나오는게 아니겠어요! “아니 이게 웬일이야” 착한 농부가 “옷 나와라” 하면 옷이 나오고 “돈 나와라” 하면 돈이 나오는 거예요. “이거 요술맷돌이로구나!! 경사났네!! 경사났어!!”
요술맷돌 덕분에 부자가 된 착한 농부는 큰 잔치를 벌였어요. 그 소문을 들은 욕심쟁이 부자 영감이 착한 농부 집에 찾아 갔어요.
“오호 이게 바로 요술맷돌이구나, 아무도 없는 곳으로 가서 나 혼자만 써야겠다” 부자 영감은 맷돌을 안고 멀리 멀리 도망갔어요. 아무도 찾지 못하는 먼 곳으로 도망가려고 배를 타고 바다로 나갔지요. “자~! 어디 한번 돌려볼까? 옳지 소금이 좋겠다. 수리수리 소금 나와라!!”
그러자 돈보다 귀하고 쌀보다 비싼 소금이 줄줄 흘러나왔어요. 조금뒤, 조그만 배에 소금이 산더미처럼 쌓이기 시작했어요. “이제 나는 큰 부자다!!” 욕심 많은 부자 영감은 자꾸자꾸 맷돌을 돌렸어요. 그러다 배가 너무 무거워져 그만 바다 밑으로 가라앉고 말았어요. 지금도 바다 속에선 맷돌이 뱅글 뱅글 돌면서 소금이 계속 나오고 있답니다. 그래서 바닷물이 짠거랍니다.

동화 활동지

나의 요술맷돌

■ 내가 가진 요술맷돌에서는 무엇이 나올까요? 맷돌을 돌려 마구 마구 나오게 하고 싶은 건 무엇인가요? 글, 그림으로 표현해 보세요.

활동지 1

우리집의 다양한 물건들

■ 우리 가족이 사용하는 물건과 기능을 알아보아요.

사물의 이름	
사물이 하는 일(기능)	
같은 기능 또는 비슷한 일을 할 수 있는 물건에 어떤 것이 있을까요?	

사물의 이름	
사물이 하는 일(기능)	
같은 기능 또는 비슷한 일을 할 수 있는 물건에 어떤 것이 있을까요?	

사물의 이름	
사물이 하는 일(기능)	
같은 기능 또는 비슷한 일을 할 수 있는 물건에 어떤 것이 있을까요?	

사물의 이름	
사물이 하는 일(기능)	
같은 기능 또는 비슷한 일을 할 수 있는 물건에 어떤 것이 있을까요?	

활동지 1-1

옛날 물건과 오늘의 물건

■ 옛날 물건과 오늘날의 물건을 짝지어 주고 이름과 기능을 적어 보세요.

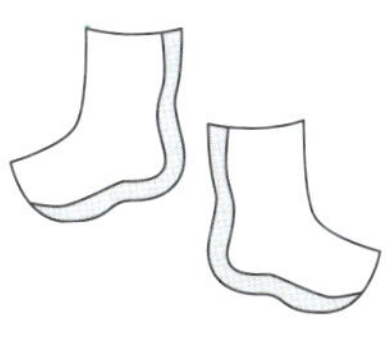

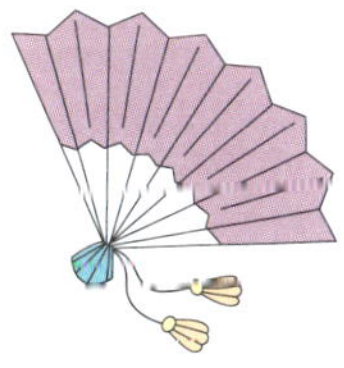

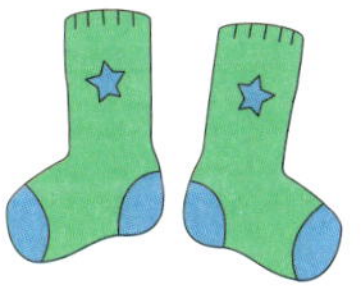

활동지 2

내가 가진 기능 자랑하기

■ 내가 좋아하는 캐릭터는? 내가 좋아하는 캐릭터가 가진 기능(장점)을 자랑해요.

♥ 캐릭터 자랑하기 ♥

■ 나의 모습을 그리고 나의 자랑하고 싶은 점을 적어 봅시다.

♥ 나의 자랑 ♥

활동지 2-1

나만의 필통 디자인

■ 나에게 필요한 기능과 내가 좋아하는 모양과 색으로 디자인 해 봅시다.

활동지 3

내 친구 가방에 대해 생각하기

■ 가방의 기능과 내가 가방이 필요한 이유를 마인드맵으로 그려 보세요.

활동지 3-1

책가방은 내 친구

■ 매일 함께하는 가방의 기능에 대해 생각해 보고 가방에 더해주고 싶은 기능과 빼고 싶은 기능을 생각해 보고, 글로 표현해 보세요.

♣ 가방의 기능

♣ 가방에 더 하고 싶은 기능

♣ 가방에 빼고 싶은 기능

활동지 3-2

사물의 기능 알아보기

■ 안경의 기능과 안경이 필요한 사람은 안경의 어떤 기능이 필요해서 사용할까요? 내가 안경을 만들 수 있다면 어떤 새로운 기능이 있는 안경을 만들고 싶을까요?

활동지 4

도와줄 물건이 필요해요

■ 왼쪽 그림의 내용을 보고 도와줄 수 있는 물건과 연결해 보세요.

	인라인스케이트를 타고 싶어요.
	비가 내려요.
	뜨거운 후라이팬을 잡아요.
	추운 겨울이에요.
	친구가 물에 빠졌어요.

	• 장갑은 어떤 도구인가요? • 바꿔 쓸 수 있는 도구는?
	• 외투는 어떤 도구인가요? • 바꿔 쓸 수 있는 도구는?
	• 튜브는 어떤 도구인가요? • 바꿔 쓸 수 있는 도구는?
	• 우산은 어떤 도구인가요? • 바꿔 쓸 수 있는 도구는?
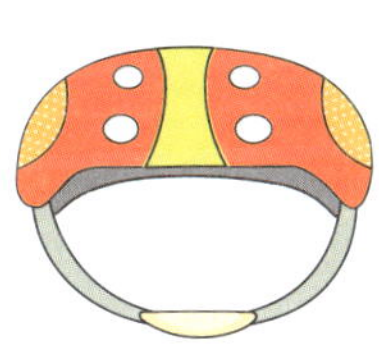	• 헬멧은 어떤 도구인가요? • 바꿔 쓸 수 있는 도구는?

활동지 5

세상에 하나뿐인 요술 부채

■ 신비한 요술을 가진 세상에 하나뿐인 나만의 부채를 만들어 보세요.

활동지 5-1

요술 부채 만들기

■ 신비한 요술의 힘을 지닌 요술부채를 만들어 봅니다.

아주 오랜 옛날부터 우리 조상들은 신비한 힘을 가진 문양을 사용해 왔답니다. 이러한 신비한 문양에는 특별한 힘이 있다고 믿고 있었답니다. 아래 그림에 나와 있는 문양들이 신비한 힘을 가진 문양들이랍니다.

꽃문양도 있고, 태극 모양, 이상한 글자, 한자, 무서운 얼굴, 호랑이 모습, 용의 모습 등 여러 가지가 있어요. 어떠한 문양에는 아주 강력한 힘이 있다고 믿어 왔어요. 우리나라의 태극기에도 이러한 뜻이 담겨 있어요. 태극기는 밝음과 어둠, 하늘과 땅, 해와 달을 상징하는 문양들로 이루어져 있답니다. 문양들 중에는 힘이 아주 세지는 문양도 있고, 귀신들로부터 몸을 보호하는 문양도 있어요. 공부를 잘하게 되는 문양도 있고, 건강하게 오래 살 수 있는 문양도 있답니다.

우리도 이러한 문양들을 이용해서 세상에 하나 밖에 없는 요술 부채를 만들어 보세요.
나만 알 수 있는 비밀의 문양을 만들어 부채에 그 문양을 그려 보세요.
요술부채를 만들고 내가 심어 놓은 요술에 대해 이야기 해 봐요. 그리고, 요술 부채가 실제로 요술을 부릴 수 있으려면 어떻게 해야 하는 지에 대해서도 이야기 해 보세요.

<table>
<tr><td>평가자료 1</td><td colspan="3">자기 평가표</td><td>이름 :</td></tr>
<tr><td>주제</td><td colspan="4">모든 사물은 특정기능을 수행하기 위해 만들어 진다.</td></tr>
<tr><td colspan="2">평가항목</td><td colspan="3">평가점수</td></tr>
<tr><td>1</td><td>모습은 다르지만 같은 일을 하는 물건들을 연결할 수 있다.</td><td>③</td><td>②</td><td>①</td></tr>
<tr><td>2</td><td>나에게 필요한 일을 해주는 물건을 찾아 낼 수 있다.</td><td>③</td><td>②</td><td>①</td></tr>
<tr><td>3</td><td>다른 친구보다 내가 더 잘하거나 좋아하는 일을 찾을 수 있다.</td><td>③</td><td>②</td><td>①</td></tr>
<tr><td colspan="2">총 점</td><td colspan="3"></td></tr>
<tr><td colspan="5">활동 소감</td></tr>
<tr><td>과제를 수행하면서 어려웠던 점</td><td colspan="4"></td></tr>
<tr><td>과제를 수행하면서 좋았던 점</td><td colspan="4"></td></tr>
</table>

<table>
<tr><td colspan="2">평가자료 2</td><td colspan="2">동료 평가표</td><td>이름 :</td></tr>
<tr><td colspan="2">주제</td><td colspan="3">모든 사물은 특정기능을 수행하기 위해 만들어 진다.</td></tr>
<tr><td rowspan="7">상호평가</td><td>칭찬해요 / 친구이름</td><td>창의적 아이디어를 칭찬해요</td><td>친구들을 존중하고 배려하는 모습을 칭찬해요</td><td>적극적으로 참여하고 책임감 있는 태도를 칭찬해요</td></tr>
<tr><td></td><td>③ ② ①</td><td>③ ② ①</td><td>③ ② ①</td></tr>
<tr><td></td><td>③ ② ①</td><td>③ ② ①</td><td>③ ② ①</td></tr>
<tr><td></td><td>③ ② ①</td><td>③ ② ①</td><td>③ ② ①</td></tr>
<tr><td></td><td>③ ② ①</td><td>③ ② ①</td><td>③ ② ①</td></tr>
<tr><td></td><td>③ ② ①</td><td>③ ② ①</td><td>③ ② ①</td></tr>
<tr><td></td><td>③ ② ①</td><td>③ ② ①</td><td>③ ② ①</td></tr>
<tr><td colspan="2">가장 칭찬해주고 싶은 친구와 이유를 적어 보세요.</td><td colspan="3">친구 이름(　　　　　　)
칭찬하는 이유(　　　　　　　　　　　　　　　　　　　　)</td></tr>
<tr><td colspan="2">오늘 수업을 한마디로 표현하면~~</td><td colspan="3">오늘 수업활동은 (　　　　　　　　　　　　)이다.</td></tr>
<tr><td colspan="5">친구들의 칭찬점수를 작성할 때 유의해 주세요.</td></tr>
<tr><td colspan="5">1. 평가 기준에 따라 잘하면 칭찬점수를 3점부터 1점까지 줄 수 있어요.
2. 다음 수업에 더 좋은 활동을 할 수 있는 격려의 차원에서 점수를 주어요.</td></tr>
</table>

공룡들의 하루

- 시간에 따라 변화하는 사물 -

나의 하루는 어떻게 지나가나요? 나의 하루 일과를 생각하며 시간에 대한 개념을 배우고, 시간의 흐름에 따라 변화하는 것에 대해 알아보아요. 또 하루와 한 달, 일 년의 시간 흐름을 이해하고 흐름에 따라 변화하는 일과 일어나는 일을 생각해 보아요.

읽기자료

공룡들의 하루 이야기

■ **공룡들의 하루**

신나는 하루가 시작되었어요. 공룡친구들의 하루를 살펴볼까요?

7시예요. 친구들이 잠에서 깨어날 시간이예요!! 공룡들도 일어날 시간이예요.

“티라노 일어나~!” “트리케 일어나 7시야~!!” “알았어~!! 아~후 졸려~!!”

공룡친구들이 일어나서 학교 갈 준비를 하고 있어요~!!

12시 예요 친구들이 점심을 먹을 시간이예요. 공룡들도 밥을 먹으려고 해요.

아 ~ 맛있는 냄새~! 점심시간엔 밥을 먹어야 해 아님 기운이 없으니 놀 수가 없어~!!

맞아 맞아!! 당근도 먹고 양파도 먹고 골고루 꼭 꼭 씹어서 맛있게 먹자~!!

우아 밥을 먹었으니 놀러가자~!!

3시가 되었어요!! 친구들이 재미있게 놀 시간이예요. 공룡들이 미끄럼도 타고 그네도 타고 술래잡기도 하며 신나게 놀아요.

“이야~!! 재미있다.”

벌써 9시가 되었어요. 친구들이 잘 시간이예요. 공룡들도 자야할 시간이예요.

콤프~!! 양치해야지 발도 닦고 잘 준비를 해야지~!!

싫어 더 놀고 싶어~!! “얘들아 놀자~!!!” “콤프! 지금 저녁 9시야 이제 자야할 시간이야. 너 진짜 안잘거야~!!”

“치 놀아 주지도 않고 ~!!”

이제 자야 할 시간이야 빨리 자자 ~!!

동화 활동지

공룡의 하루와 나의 하루

■ 공룡들의 하루와 나의 하루를 적어보고 같은 점은 무엇이고 다른 점은 무엇인지 살펴봅시다.

공룡의 하루

나의 하루

활동지 1

시계 만들기

■ 세상에 하나밖에 없는 나만의 예쁜 시계를 생각해 보고 자유롭게 만들어 보세요.

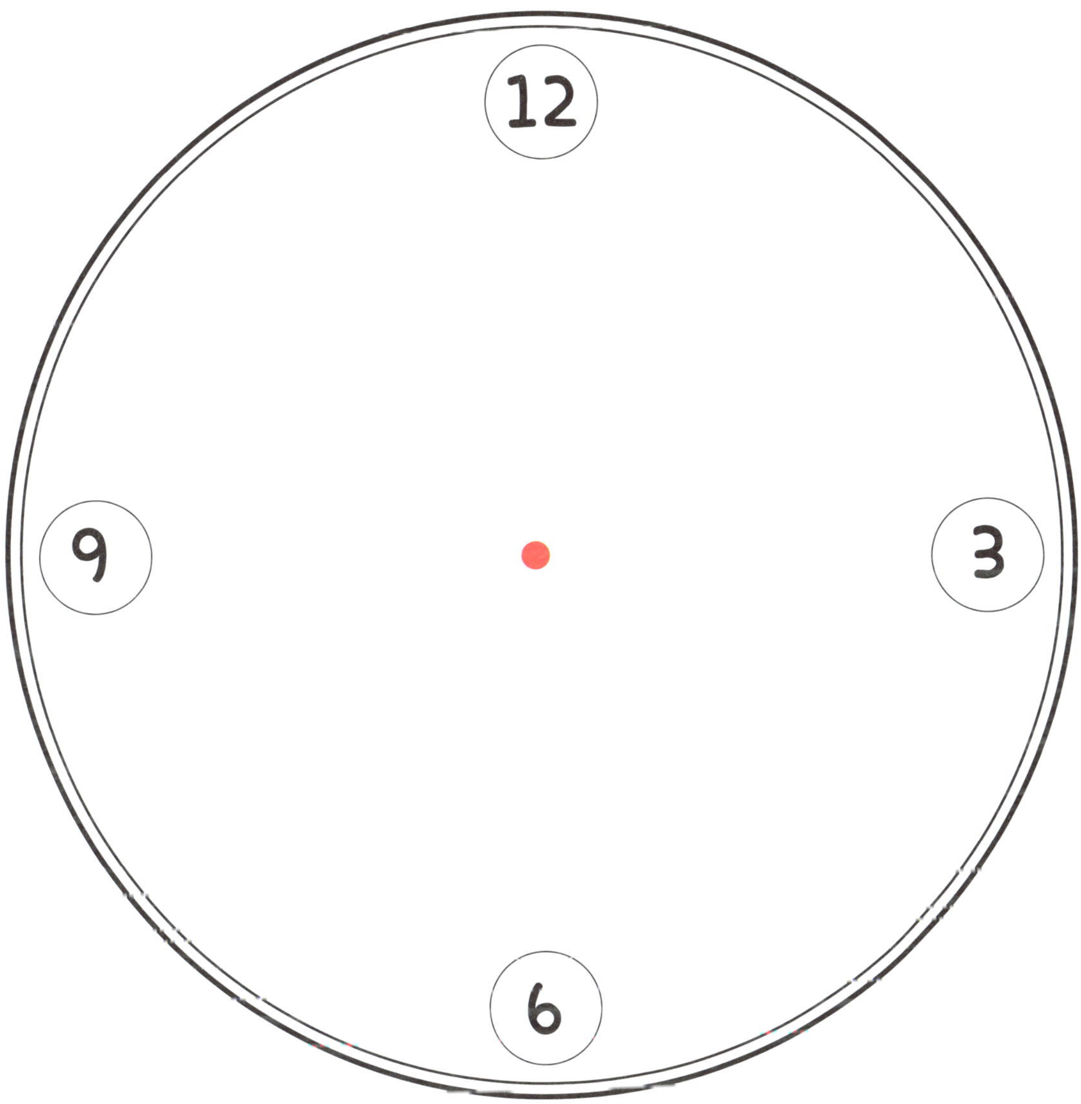

활동지 1-1 시간을 알 수 있어요

■ 그림을 관찰하여 내용을 연결시켜 보고, 그 이유는 무엇인지 이야기 나누어 보세요.

하루에 1번	• 무엇을 하나요? • 다른 것도 있나요? • 하루는 어떻게 이루어 졌나요?
1년에 1번	• 무엇을 하나요? • 다른 것도 있나요? • 1년은 어떻게 이루어 졌나요?
하루에 3번	• 무엇을 하나요? • 다른 것도 있나요? • 하루는 어떻게 이루어 졌나요?
일주일 1번	• 무엇을 하나요? • 다른 것도 있나요? • 일주일은 어떻게 이루어 졌나요?
한달에 1번	• 무엇을 하나요? • 다른 것도 있나요? • 한달은 어떻게 이루어 졌나요?

활동지 1-2 나의 한 주 계획

■ 지난 나의 한주를 돌이켜 생각해 보고, 다가올 나만의 일주일 계획을 세워보는 시간을 가져 보세요.

월	
화	
수	
목	
금	
토	
일	

활동지 2

시간을 그림으로 표현해 봅시다

■ 시간을 점, 선, 면을 이용해 그림으로 표현해 보세요.
(시간의 흐름을 생각하면서 연상되는 것을 그림으로 표현해 봅시다)

활동지 2-1

동영상 촬영하기

■ 같은 행동 하나를 정한다. 그리고 동영상 촬영을 한다. 행동을 했을 때와 영상으로 봤을 때 느낌을 이야기 나누어 보고 글, 그림으로 표현해 보세요.

활동지 2-2

스톱워치로 시간 측정

■ 스톱워치를 사용해 시간을 측정해 보세요.

♣ 10초 : 10초의 길이는 얼마이며, 10초 동안 우리는 무엇을 할 수 있을까요?

♣ 1분 : 1분의 길이는 얼마이며, 1분 동안 우리는 무엇을 할 수 있을까요?

♣ 3분 : 3분의 길이는 얼마이며, 3분 동안 우리는 무엇을 할 수 있을까요?

♣ 10분의 길이는 얼마이며, 10분 동안 우리는 무엇을 할 수 있을지 생각해 보고 생각한 것을 표현해 봅시다.

활동지 3 시간에 따라 변화하는 것

■ 시간에 따라 변화하는 것들을 생각해 보고, 어떻게 변화하는 지 글이나 그림으로 표현해 보세요.

활동지 3-1

시간에 따른 변화

■ 나비와 개구리의 성장과정을 시간의 흐름순으로 번호를 적고, 성장과정마다 새로운 이름도 지어 보세요.

활동지 4

나의 성장과정 신문 만들기

■ 나의 성장과정 신문을 여러 가지 재료, 사진을 이용하거나, 그림으로 표현하여 나만의 성장과정을 신문을 만들어 보세요.

활동지 5 버킷리스트

■ 내가 하고 싶은 것, 이루고 싶은 것, 가고 싶은 곳, 해 주고 싶은 것들을 적고, 언제 하고 싶은지 날짜를 적어 나의 버킷리스트를 만들어 보세요.

날짜(나이)	하고 싶은 것, 이루고 싶은 것, 갖고 싶은 것, 가고 싶은 곳, 해주고 싶은 것

평기지료 1	자기 평가표	이름 :		
주제	시간이 지남에 따라 나이 먹고, 성장한다.			
평가항목		평가점수		
1	빨리가는 시간과 천천히 가는 시간의 차이를 느낄 수 있다.	③	②	①
2	시간이 지나감에 따라 변화가 생기는 것을 찾을 수 있다.	③	②	①
3	미래에 내가 하고 싶은 일을 말할 수 있다.	③	②	①
총 점				
활동 소감				
과제를 수행하면서 어려웠던 점				
과제를 수행하면서 좋았던 점				

평가자료 2		동료 평가표	이름 :	
주제		시간이 지남에 따라 나이 먹고, 성장한다.		
상호평가	칭찬해요 / 친구이름	창의적 아이디어를 칭찬해요	친구들을 존중하고 배려하는 모습을 칭찬해요	적극적으로 참여하고 책임감 있는 태도를 칭찬해요
		③ ② ①	③ ② ①	③ ② ①
		③ ② ①	③ ② ①	③ ② ①
		③ ② ①	③ ② ①	③ ② ①
		③ ② ①	③ ② ①	③ ② ①
		③ ② ①	③ ② ①	③ ② ①
		③ ② ①	③ ② ①	③ ② ①
기장 칭찬해주고 싶은 친구와 이유를 적어 보세요		친구 이름(　　　　　) 칭찬하는 이유(　　　　　　　　　　　　　　　　)		
오늘 수업을 한마디로 표현하면~~		오늘 수업활동은 (　　　　　　　　　　)이다.		
친구들의 칭찬점수를 작성할 때 유의해 주세요.				
1. 평가 기준에 따라 잘하면 칭찬점수를 3점부터 1점까지 줄 수 있어요. 2. 다음 수업에 더 좋은 활동을 할 수 있는 격려의 차원에서 점수를 주어요.				

참고문헌

이경화, 안세훈 외(초등저학년 창의력 증진 프로그램 DHA, 2016, 한국과학창의재단)

김동연 외(HTP와 KHTP 심리진단법 2002, 동아문화사)

안세훈(트리즈로 풀어낸 창의성 동화, 2013, 성안당)

송용원 외(창의성의 기술, 2014, 써네스트)

김정안 외(주제통합수업 2013, 맘에드림)

미셜피크말(생각의 힘을 키워주는 철학 초콜릿 2007, 미래M&B)

바버라 베이그(하버드 글쓰기 강의 2011, 글항아리)

주리애(미술치료하 2010, 학지시)

김소연(마음사전 2008, 마음산책)

서준호(서준호 선생님의 교실놀이백과239 2014, 지식프레임)

하브루타수업연구회(질문이 있는 교실 2015, 경향BP)

안세훈(트리즈마인드맵 2012, 성안당)

앤설리번의 기록(헬렌켈러는 어떤 교육을 받았는가? 2014, 라의 눈)

이지성(생각하는 인문학 2015, 문학동네)

드니르보 외(생각정리의 기술 2007, 지형)

박동섭(비고츠키붐협화음의 미학 2013, 에듀니티)

이현(기적의 도서관 학습법 2010, 기탄출판)

하시모토다케시(생각을 키우는 힘 슬로우 리딩 2012, 조선에듀케이션)

윌리엄 암스트롱(단단한 공부법 2012, 유유)

빌브라이슨(거의 모든 것의 역사 2003, 까치글방)

찰스다윈(청소년을 위한 종의기원 2012, 두리미디어)

에모토 마사루(물은 답을 알고 있다. 2008, 더난 출판)

루로야나기 데츠코(창가의 토토 2013, 프로메테우스)

출처자료

키즈팩토리(www.kidsfactory.net) "시간의 개념을 배워요" Youtube 동영상 링크 및 화면
EBS 교육방송 지식채널e "1년과 하루" Youtube 동영상 링크
스마트스토어 핑크퐁(store.pinkfong.com) "요술맷돌" Youtube 동영상 링크 및 화면
EBS 교육방송 딩동댕유치원 "냄새맡은 값" Youtube 동영상 링크
캐리앤플레이 "다섯가지 감각으로 사물맞히기 놀이" Youtube 동영상 링크
Eori TV 어리이야기 "호기심 많은 코끼리" Youtube 동영상 링크 및 화면
지니키즈 어드벤쳐 "코끼리 왕배꼽" Youtube 동영상 링크 및 화면
애니한TV "애니한의 재미있는 자연관찰 이야기-코끼리" Youtube 동영상 링크 및 화면
지니키즈 생생자연도감 "사막여우" Youtube 동영상 링크
지니키즈 생생자연도감 "다람쥐" Youtube 동영상 링크
지니키즈 생생자연도감 "호랑이" Youtube 동영상 링크
지니키즈 생생자연도감 "과일박쥐" Youtube 동영상 링크
누리놀이(www.nurinori.com) "꿈속으로의 여행" Youtube 동영상 링크 및 화면
아이스크림 홈런 "계절이 변하는 까닭" Youtube 동영상 링크
윤하린 "계절에 따라 달라지는 것" Youtube 동영상 링크
Daum 백과 곤충 "곤충의 사계절" Web-Page
Daum 백과 곤충 "겨울잠" Web-Page
스마트스토어 핑크퐁(store.pinkfong.com) "토끼와 거북이" Youtube 동영상 링크 및 화면
네셔날 지오그레픽 "식물의 성장 모습" Youtube 동영상 링크
"코끼리 코의 놀라운 후각" Youtube 동영상 링크
2012 과학UCC서일 중학교 3학년 8반 "감각기관들이 하는 일" Youtube 동영상 링크
LG사이언스랜드 "동물의 한 살이송" Youtube 동영상 링크
Seach4. kokocdn. net "과자집 이미지" 사용
Seach4. kokocdn. net "사진이미지" 사용
시사in "폴리캐릭터" 이미지 사용 아이코닉스 뽀로로캐릭터 사용
산리오 헬로키티이미지 사용, 콤돌이푸, EBS1 공식홈 큐비쥬이미지 사용
다음 카카오 카카오 이미지 사용

저자 소개

트리즈큐 창의센터 안 세 훈
창의인문교육원 씽킹팩토리 이 정 희
창의인문교육원 씽킹팩토리 배 은 선
창의인문교육원 씽킹팩토리 김 현 숙

감수
울산대학교 안 형 근

씽킹팩토리 – 학생용

발 행 일 | 2017년 11월 20일
저 자 | 안세훈 / 이정희 / 배은선 / 김현숙
감 수 | 안 형 근
발 행 인 | 최 봉 조
발 행 처 | 진샘미디어
주 소 | 서울시 은평구 연서로 5길 28 부호이피드 102동 상가5호
전 화 | 02)353-4421 / FAX 02)353-4431
홈페이지 | www.jinsaem.co.kr

신고번호 | 제311-2005-000025호
I S B N | 979-11-85504-95-7 63370

정가 12,000원